SIYB

创办你的企业

START YOUR BUSINESS

创业计划书

（第二版）

人力资源和社会保障部职业能力建设司
中国就业培训技术指导中心
组织编写

中国劳动社会保障出版社

图书在版编目（CIP）数据

创办你的企业．创业计划书/人力资源和社会保障部职业能力建设司，中国就业培训技术指导中心组织编写．—2 版．—北京：中国劳动社会保障出版社，2017

ISBN 978 – 7 – 5167 – 2956 – 4

Ⅰ．①创…　Ⅱ．①人…②中…　Ⅲ．①企业计划-文书-写作　Ⅳ．①F272

中国版本图书馆 CIP 数据核字（2017）第 039278 号

中国劳动社会保障出版社出版发行

（北京市惠新东街 1 号　邮政编码：100029）

*

中青印刷厂印刷装订　　新华书店经销

890 毫米 ×1240 毫米　16 开本　1.75 印张　29 千字

2017 年 3 月第 2 版　　2020 年 11 月第 16 次印刷

定价：6.00 元（全套定价：52.00 元）

读者服务部电话：（010）64929211/84209101/64921644

营销中心电话：（010）64962347

出版社网址：http://www.class.com.cn

SYB 教材编审委员会

编写人员（按姓氏笔画排序）：
　　　　叶仁平　李　颖　杨兴民
　　　　尚　虹　郑晓瑾　高爱兰
审定人员（按姓氏笔画排序）：
　　　　王西侠　冯　卓　刘　凌
　　　　贺东亮

前言

党的十八大以来，我国通过实施一系列重大举措，极大地调动了广大人民群众的创业创新热情，新一轮的创业热潮正在蓬勃兴起。创业培训是培育劳动者创新精神、提高劳动者创业能力、实现个人发展和创造自身价值的重要途径，是激发劳动者创造力、推动大众创业万众创新的重要手段。

人力资源和社会保障部自 20 世纪 90 年代末开展创业培训以来，进行了积极探索，积累了有益经验。特别是与国际劳工组织合作，引进国际上比较先进的“创办和改善你的企业”（Start and Improve Your Business，SIYB）培训课程及技术，并将其本土化，深受广大创业者的欢迎和好评。近些年，我们顺应互联网创业新形势，又自主开发推广网络创业培训，实现创业培训技术的模式创新和持续发展，为推进大学生和返乡农民工就业创业发挥了积极作用。

为更好地落实促进就业创业的政策措施，帮助各地各部门有效地开展创业培训工作，我部职业能力建设司和中国就业培训技术指导中心组织创业培训专家，在“创办和改善你的企业”（SIYB）系列培训教材基础上，结合现阶段创业特点和实际情况，改版了这套《创办你的企业（Start Your Business，SYB）》创业培训教材，以更好地帮助创业者实现创业梦想。

通过课程的学习，创业者能够判断自己是否适合创办企业、适合创办什么样的企业，衡量自己的创业想法是否现实可行，进而最终完成自己的创业计划书。

一、教材内容

《创办你的企业（SYB）》教材的内容分为两个部分、十个步骤，每个步骤都是创业者在创业过程中必须面对和思考的。这十步，环环相扣，逐渐深入，缺一不可。当你通过这十个步骤循序渐进的学习，你可以形成自己的商业逻辑、系统化的创业思维，同时可以独立完成自己的创业计划书。

第一部分是创业意识，共两步（第一步至第二步）。通过这两步的学习，你能够理性评估自己是否适合创业并找到提升自己创业素质的方法；你将产生很多的创业想法；你将通过不同的方法筛选并分析出一个最适合自己的企业构思。

第一步：评价你是否适合创业

告诉你什么是企业，创办企业将面临怎样的挑战，让你从多个角度判断自己是否适合创办企业。

第二步：建立一个好的企业构思

告诉你企业的类型，成功创办一个小微企业的成功要素是什么，告诉你什么是企业构思，如何发现企业构思，怎样选出一个最适合你的企业构思。

第二部分是创业计划，共八步（第三步至第十步）。通过这八步的学习，你将知道如何将自己的企业构思“落地”变成一个真实的企业。你将学习如何利用系统的创业知识和技能，完成自己的创业计划书。

第三步：评估你的市场

告诉你如何根据自己的企业构思，评估你的企业开办后的市场状况，并通过调查和了解潜在的顾客和竞争对手来制订你的市场营销计划，并据此预测出企业产品的销售量。

第四步：企业的人员组织

告诉你如何构建企业的组织机构，组建团队并做好企业的人员分工。

第五步：选择你的企业法律形态

告诉你什么是企业法律形态，通过对各种小微企业常见法律形态特点的比较，选择一种适合你的企业法律形态。

第六步：企业的法律环境和责任

告诉你企业必须要依法经营，企业需承担哪些法律责任，同时企业的合法权益也将得到法律保护，为降低企业意外风险，你还要选择合适的商业保险。

第七步：预测你的启动资金

告诉你如何测算你需要多少钱来启动你的企业。

第八步：制订你的利润计划

告诉你经营企业必须赢利，这是企业成败的关键。要懂得什么是成本，怎么制定产品或服务的销售价格，维持良好的现金流对于企业的重要性。同时，你要能够制订出自己企业的销售与成本计划和现金流量计划，并了解获得资金支持的渠道。

第九步：判断你的企业能否生存

告诉你如何将前面八步中对自己企业的各项考虑和练习的结果填入创业计划书中，形成自己的创业计划书。通过制订创业计划，衡量自己的企业能否创办下去。同时，根据自己的创业计划，制订创办你的企业所需的具体行动计划，如申请贷款、申领营业执照等。

第十步：开办你的企业

告诉你在企业创办以后，还有很多的管理工作需要做。

二、教材构成

根据培训内容，《创办你的企业（SYB）》这套教材由三本书构成：

《创业意识培训册》，包括第一步至第二步，用来评估创业者是否适合创办企业，并衡量自己的创业想法是否现实可行。

《创业计划培训册》，包括第三步至第十步，为创业者提供创办一家小企业所需的知识和技能。

《创业计划书》，用于在培训结束时编制自己企业的创业计划书，筹划自己的创业蓝图，并为下一步融资做好准备。

三、关键栏目

在教材中，你会发现不同栏目和小图标，它们代表着不同内容。

“记住”，在这个栏目中，会将培训内容中的关键问题和注意事项等提炼成一两句话，重点强调，希望你能够理解并牢记。

“创业小贴士”，在这个栏目中，会对培训内容中的难点、重点做补充说明，便于拓展学习。

“黄亮和李燕的创业故事”，在这个栏目中，贯穿第一步至第十步连续讲述了甘肃某陶器厂技工黄亮和妻子李燕生产旅游特色工艺品创业的故事，他们将和你一起面对创业中的各种问题，希望他们创业的故事能够帮助你更好地学习和掌握创办企业的知识和技能。本案例仅服务于教学，为便于理解和计算，在市场真实数据基础上，对数据做了部分调整。

“练习”，在这个栏目中，设置了两种练习。一种练习是帮助你更好地理解刚刚学习的创业知识和技能；另一种练习是有关你自己的企业，帮助你将所学的创业知识和技能，应用到你未来的企业中去，更有效地模拟即将创办的企业所面对的各种问题，最终，帮助你完成自己企业的创业计划书。

“小结”，在这个栏目中，对本章节学习的知识和技能进行总结，并通过思维导图进行梳理，帮助你更直观、有效地掌握书中主要内容。

本套教材是在专家们的共同努力下完成的，尚虹老师和叶仁平老师完成了第一步和第二步的编写，郑晓瑾老师完成了第三步和第四步的编写，杨兴民老师完成了第五步和第六步的编写，李颖老师完成了第七步、第九步和创业计划书的编写，高爱兰老师完成了第八步和第十步的编写。此外，王西侠、冯卓、刘凌、贺东亮等老师参与了审定工作。为确保教材的准确性和适用性，所有编审专家都本着认真负责、精益求精的态度，克服身体方面等种种困难，做了大量的调研分析工作，经常集体研讨至深夜，精准每一个知识点，细抠每一个字词句，并反复核对、整理、审校书稿，在此一并致谢！

本套教材同时得到了各地人力资源社会保障（劳动保障）厅（局）创业主管部门的大力支持。本教材在出版前分别由内蒙古自治区就业服务局、四川省就业服务局组织鄂尔多斯市社会人员、成都农业科技职业学院大学生，以及当地创业培训讲师、培训师开办了改版教材试验班，对教材改编工作发挥了重要作用。在此表示感谢！

如本教材有不妥之处，还望大家谅解。在使用过程中有何问题请及时反馈，以便再版时进行订正。

人力资源和社会保障部职业能力建设司

中国就业培训技术指导中心

目 录

创 业 计 划 书

企 业 名 称 ______________________

创业者姓名 ______________________

日　　　期 ______________________

通 信 地 址 ______________________

邮 政 编 码 ______________________

电　　　话 ______________________

传　　　真 ______________________

电 子 邮 件 ______________________

一、企业概况

选择创业项目的理由：

简述企业愿景：

企业主要经营范围：

企业类型：□制造企业　□贸易企业　□服务企业　□农、林、牧、渔企业

□其他（请说明）

二、创业者个人情况

以往相关经验（包括时间）：

教育背景及所学习的相关课程（包括时间）：

三、市场评估

目标顾客描述：

市场容量或变化趋势：

预计市场占有率：

竞争对手的主要优势：

1.

2.

3.

4.

5.

竞争对手的主要劣势：

1.

2.

3.

4.

5.

本企业相对于竞争对手的主要优势：

1.

2.

3.

4.

5.

本企业相对于竞争对手的主要劣势：

1.

2.

3.

4.

5.

四、市场营销计划

1. 产品或服务

产品或服务	主要特征
（1）	
（2）	
（3）	
（4）	
（5）	

2. 价格

产品或服务	预测成本价格	预测销售价格	竞争对手的销售价格
（1）			
（2）			
（3）			
（4）			
（5）			

折扣销售	
赊账销售	

3. 地点

（1）选址细节：

地址	面积（平方米）	租金或建筑成本

（2）选择该地址的主要原因：

（3）销售方式（选择一项并在左侧的□内画“√”）：

将把产品或服务销售或提供给：□最终消费者　　□零售商　　□批发商

（4）选择该销售方式的原因：

4. 促销

广告		成本预测	
人员推销		成本预测	
营业推广		成本预测	
公共关系		成本预测	

五、企业组织结构

企业将登记注册成：

□个体工商户　　□个人独资企业

□合伙企业　　□有限责任公司

□其他（请说明）

拟定的企业名称：

企业成员：

职务	薪金 / 工资（月）
企业主或经理：	
员工：	

企业将获得的营业执照、许可证：

类型	预计费用

企业承担的其他法律责任（保险、纳税等）：

种类	预计费用

股份合作协议

合作人 / 协议内容 / 条款				
企业计划注册资金				
出资方式				
出资数额				
股权份额及利润分配				
利润数额与亏损承担				
分工、权限和责任				
违约责任				
转股、退股及增资				
协议变更和终止				
其他条款				

企业组织结构图：

六、投资

1．机器、机械和其他生产设备

根据企业销售量的预测，假设达到 100% 的生产能力，拟购置以下机器、机械和其他生产设备：

项目	数量	单价	金额（元）
（1）			
（2）			
（3）			
（4）			
合计			

供应商名称	地址	电话或传真

2. 器具、工具和家具

根据企业生产经营活动的需要，拟购置以下器具、工具和家具：

项目	数量	单价	金额（元）
（1）			
（2）			
（3）			
合计			

3. 交通工具

根据交通和营销活动的需要，拟购置以下交通工具：

项目	数量	单价	金额（元）
（1）			
（2）			
合计			

供应商名称	地址	电话或传真

4. 电子设备

根据企业办公的需要，拟购置以下电子设备：

项目	数量	单价	金额（元）
（1）			
（2）			
（3）			
合计			

供应商名称	地址	电话或传真

5. 无形资产

根据企业需要，拟购买以下无形资产：

项目	金额（元）	备注
（1）		
（2）		
（3）		
合计		

6. 开办费

根据企业需要，开业前需支付以下费用：

项目	金额（元）	备注
（1）		
（2）		
（3）		
合计		

7. 其他投资

根据企业需要，除固定资产、无形资产、开办费外，还需支付以下费用：

项目	金额（元）	备注
（1）		
（2）		
（3）		
合计		

8. 投资概要

项目	金额（元）	月折旧额/摊销额（元）
房屋、建筑物		
机器、机械和其他生产设备		
器具、工具和家具		
交通工具		
电子设备		
无形资产		
开办费		
其他投资		
合计		

七、流动资金（月）

1. 原材料（或商品）和包装费

项目	数量	单价	金额（元）
（1）			
（2）			
（3）			
（4）			
（5）			
合计			

供应商名称	地址	电话或传真

2. 其他经营费用（不包括折旧费和贷款利息）

项目	金额（元）	备注
工资和薪金		
租金		
促销费		
办公用品购置费		
维修费		
保险费		
水电费		
电话费		
其他费用		
合计		

八、销售收入预测

销售情况 月/季/年 产品或服务														合计
（1）	销售数量													
	平均单价													
	月销售额													
（2）	销售数量													
	平均单价													
	月销售额													
（3）	销售数量													
	平均单价													
	月销售额													
（4）	销售数量													
	平均单价													
	月销售额													
（5）	销售数量													
	平均单价													
	月销售额													
（6）	销售数量													
	平均单价													
	月销售额													
合计	销售总量													
	销售总收入													

注：八、九、十 3 张表格，要求逐月填写 1 年的销售收入预测，如企业投资回收周期较长，可选择按季或年来填写。

九、销售与成本计划

金额（元） 月 / 季 / 年 项目														合计
销售	含税销售收入													
	增值税													
	销售净收入													
成本	原材料（列出项目）													
	（1）													
	（2）													
	（3）													
	包装费													
	工资和薪金													
	租金													
	促销费													
	保险费													
	维修费													
	水电费													
	电话费													
	宽带费													
	办公用品购置费													
	其他费用													
	折旧和摊销													
	总成本													
附加税费														
利润														
所得税	企业所得税													
	个人所得税													
	其他													
净利润														

注：对于“所得税”项目的填写，有限责任公司填写“企业所得税”，个体工商户、个人独资企业和合伙企业填写“个人所得税”，实行定额征收的企业填写“其他”。

十、现金流量计划

金额（元）月/季/年 项目														合计
月初现金（A）														
现金流入	现金销售收入													
	赊账销售收入													
	贷款													
	企业主（股东）投入													
	现金流入合计（B）													
现金流出	现金采购													
	赊账采购													
	包装费													
	工资和薪金													
	租金													
	促销费													
	保险费													
	维修费													
	水电费													
	电话费													
	宽带费													
	办公用品购置费													
	其他费用													
	贷款本息													
	税金													
	投资（列出项目）													
	现金流出合计（C）													
月底现金（A+B−C）														

附件

创业计划书是一份全方位描述企业发展的文件，是创业者素质的体现。此创业计划书正文中没有涉及或者需要详细描述的内容可以在附件中加以完善。根据需要，把诸如申请哪种营业执照、合作协议或合伙协议、公司章程、产品或服务目录、价格表、岗位责任和工作定额，以及有必要证明自己资质的复印件和其他文书材料等附在创业计划书后面。